Tema 2: Métodos de investigación y diagnóstico en Psicología Organizacional

Contenido

1. Métodos y diseños de investigación en ciencias sociales 3

    1.1. El método científico en ciencias sociales . 3

    1.2. La Observación y el Control 4

    1.3. El problema 7

    1.4. La hipótesis 7

        1.4.1. Características de la hipótesis: 7

        1.4.2. La hipótesis y el efecto Rosenthal 8

    1.5. Las variables 8

        1.5.1. Escalas de medida 10

    1.6. Algunas fuentes especiales de error 11

1.6.1. Métodos de control de variables contaminadoras 12

1.6.2. Parámetros de validez 14

2. Métodos de investigación más usados en Psicología Organizacional 15

2.1. 2.1. El meta-análisis 15

2.1. El grupo de estudio 18

3. Métodos de análisis dentro de las Organizaciones 21

3.1. Análisis de puestos 21

3.1.1. Enfoque orientado al puesto 21

3.1.2. Enfoque orientado a la persona 23

3.1.3. Métodos de análisis de puestos 24

3.2. Evaluación del desempeño 25

3.2.1. Métodos para evaluar el desempeño 25

3.2.2. Evaluación 360° 26

3.3. Métodos de evaluación para selección y ubicación 27

3.3.1. Pruebas psicológicas 27

3.3.2. La entrevista 29

4. Diagnóstico organizacional 30

4.1. Aspectos teóricos 30

    4.1.1. Perspectivas del diagnóstico organizacional...32

4.2. Modelos de análisis 33

    4.2.1. Modelo de contingencias 35

    4.2.2. La"estructura en cinco"...................36

    4.2.3. Modelo de Hax y Majluf (Hax, 1984) 37

    4.2.4. Do ir yourself! ... Modelo para armar 40

4.3. Procesos y técnicas de diagnóstico organizacional..45

    4.3.1. El proyecto 46

Bibliografía 48

1. Métodos y diseños de investigación en ciencias sociales

1.1. El método científico en ciencias sociales

Las ciencias se caracterizan por la aplicación del método científico a problemas resolubles. Éste es el método de investigación común para todas las ciencias, un método que se puede adaptar a la disciplina y al problema concreto que se desea investigar.

Las etapas básicas en cualquier investigación científica son las siguientes:

1. Planteamiento del problema.
2. Formulación de la hipótesis.
3. Recopilación de datos relacionados con la hipótesis, mediante la observación o la experimentación
4. Confrontación.
5. Conclusiones

1.2. La Observación y el Control

Todas las ciencias parten de la observación al ser ésta el instrumento básico para el investigador.

En una investigación, y sobre todo en la fase de recopilación de datos, es muy importante el Control. Se debe ejercer un control sobre las condiciones ambientales que puedan influir en la investigación. Dependiendo del grado de control aplicado distinguimos tres métodos básicos o tendencias de investigación:

- **Métodos Naturales**: Consiste en observar un fenómeno aislado en su estado natural, sin intervenir ni modificar ninguna condición.
- **Métodos Diferenciales o Selectivos**: Estos procedimientos aprovechan las diferencias existentes entre los propios datos, es decir, utilizan las propias diferencias que se presentan de forma natural y comparan los resultados. No se interviene para crear esas diferencias. En estos estudios suelen aparecer variables cualitativas.
    - **Método Correlacional**: Su objetivo fundamental es comprobar la relación entre dos hechos observados y medidos. Así se estudia la relación entre hechos diferentes. Dos hechos pueden mantener una correlación positiva, negativa o cero. Las medidas de correlación van de 1 a –1.
- **Métodos Experimentales**: Se caracterizan porque el investigador actúa directamente sobre las condiciones que influyen en los sujetos con el fin de observar de qué manera su conducta queda afectada. Esta es la aplicación más poderosa del método

científico pues conlleva un mayor grado de control, los datos procedentes de éste método presentan una menor contaminación. Es posible encontrar casos en los que este método no sea válido debido a que las variables que intervengan no sean manipulables.

- **Métodos cuasi-experimentales**: Cuando no se puede asignar aleatoriamente o los niveles de la variable independiente no son manipulables por el investigador. Las ventajas de estos métodos son su mayor flexibilidad (pueden estudiar fenómenos no aptos para los experimentales), se acerca más a la explicación unívoca de la relación entre dos variables que el método correccional y son más fáciles de generalizar a otros contextos y situaciones. Pero tiene una serie de inconvenientes como es que no se pueden asignar los sujetos al azar a las condiciones que se quieren estudiar y que las variables independientes no suelen estar manejadas por el investigador.

1.3. El problema

Toda investigación surge a partir de un problema el cual se quiere solucionar. Ese problema hay que definirlo, pues de su naturaleza dependerán los métodos y procedimientos a seguir por la investigación.

1.4. La hipótesis

La hipótesis tiene una función orientadora y teórica, pues sirve para relacionarse con otras hipótesis de un mismo problema e ir avanzando en la investigación global del mismo.

1.4.1. Características de la hipótesis:

- Debe ser comprobable al presente, así como el problema debía ser resoluble al presente.
- Debe ser relevante al problema.
- Suele estar en armonía o complementarse con otras hipótesis de otras investigaciones sobre el mismo problema.
- Es preferible la hipótesis que permita una mayor cuantificación.

1.4.2. La hipótesis y el efecto Rosenthal

Todo investigador quiere confirmar su hipótesis. Esto puede modificar voluntaria o involuntariamente la investigación para que los resultados se acerquen a los deseados. Para evitar esto, existen varios métodos de control, como la formulación de la hipótesis nula.

La hipótesis nula es la contraria a la hipótesis formulada para la investigación, donde se afirma que no existe esa relación entre las variables. Siempre se comprueba y analizan los datos para averiguar si esta es verdadera. Si lo fuera significaría que nos hemos equivocado de hipótesis o que las variables elegidas para la investigación no guardan ninguna relación.

1.5. Las variables

Una variable es una dimensión de cambio susceptible de tomar distintos valores. Existen diferentes formas de clasificar las variables, pero las más usada en las ciencias sociales son:

- Desde el punto de vista metodológico:
    - **V. Independiente (VI):** es el factor que se espera que sea la causa de algo que está manipulado el experimentador, es decir, los tratamientos o condiciones que son manipulados por el investigador y están bajo su control directo.
    - **V. Dependiente (VD):** es la conducta que se quiere influenciar

con la VI y que se quiere observar y medir, es decir, la medida utilizada para registrar el efecto de los tratamientos.
- **Variables controladas**: toda variable distinta de la VI de la que se tenga sospecha fundada de que puede influir en la VD debe ser controlada.
- **Variables extrañas**: cualquier elemento que produzca variaciones en la VD y que no sea la VI o las variables controladas.
- **Variables enmascaradas**: pueden ir a la par de las VI y se pueden esconder detrás.
- Desde el punto de vista operacional:
  - **Cualitativas o nominales**: no se pueden cuantificar. Suelen corresponder a tipos o nombres dentro de una clasificación.
  - **Cuantitativas**: se pueden cuantificar.

Las variables más estudiadas en la psicología organizacional	
VI	VD
Duración de la jornada	Ausentismo laboral

diaria de trabajo Categoría de pago Disponibilidad o no de capacitación Establecimiento o no de metas de trabajo	Desempeño laboral Satisfacción laboral Deserción o renuncia al puesto

1.5.1. Escalas de medida

En cualquier investigación se observan y miden las variaciones que encontramos en la variable dependiente. Así esas variaciones se transforman en datos o números que sirven para resumir, organizar y facilitar el análisis de los resultados de la investigación.

Tipos de Escalas de Medidas

- **Nominal o clasificatoria**: Se utilizan símbolos con el fin de distinguir simplemente entre grupos o sujetos. A partir de una clase dada se forma un conjunto de subclases que se excluyen mutuamente, pero que deben ser todos esos grupos equivalentes respecto a la propiedad medida
- **Ordinal o de rango**: Con esta escala no distinguimos entre grupos o sujetos sino que se relacionan entre sí. Un objeto es mayor o menor que otro.

- **De Intervalo**: Tiene las mismas características que la ordinal y además conocemos la distancia entre dos medidas cualesquiera, que marcarían un intervalo.

1.6. Algunas fuentes especiales de error

- **Expectativas del experimentador**: influencia del experimentador y se ha de controlar su sospecha (un método de enseñanza mejor que otro siendo el profesor el experimentador). Por eso, a veces hay que dejar fuera al experimentador.

- **Pérdida de sujeto**: cuando no está relacionada con VI, no es importante. Sí es importante cuando es por una razón conectada con la condición a la que se han asignado a estos sujetos (pérdida no aleatoria o sesgo de atribución).

- **Regresión a la media**: se explica en el análisis de datos, pero es una tendencia de los datos extremos a volver hacia la media cuando se repiten las mediciones (imposibilidad de repetir circunstancias excepcionales).

1.6.1. Métodos de control de variables contaminadoras

Para controlar los efectos de las variables contaminadoras podemos llevar a cabo las investigaciones siguiendo unos métodos de control:

- **Métodos Experimentales**:
  - **Eliminación**: Actúa sobre la variable no dejándola variar, es decir, evitando que tome diferentes valores.
  - **Constancia**: Consiste en hacer que la variable presente siempre los mismos valores en todos los grupos o en todos los ensayos.
  - **Balanceo:** La variable no toma exactamente los mismos valores sino que mantiene unas mismas proporciones, así los cambios en la variable dependiente no son provocados por las variables contaminadoras sino por la variable independiente.
  - **Fluctuación Aleatoria**: Consiste en repartir los efectos de la variable al azar. Solo es fiable cuando contamos con una muestra de más de 60 sujetos.
- **Métodos Estadísticos** (sólo se mencionaran, pues su aplicación en esta área es mínima): métodos de equiponderancia o contrabalanceo, equiponderancia parcial o incompleto,

equiponderancia total o completa, método aleatorio total.

1.6.2. Parámetros de validez

El método científico se caracteriza por exigir ciertas propiedades a sus investigaciones:

- **Fiabilidad:** al repetirse se obtienen los mismos resultados (si ha estado bien controlados). Ejemplo: repeticiones Milgram 1963 y límites de obediencia humana = 67% llegaban a dar descargas que podrías matar. Lo repitió una y otra vez y le salía lo mismo: 67%.
- **Sensibilidad:** los experimentos tienen que ser sensibles a los efectos de los cambios en los niveles de la VI. Los aparatos, los registros y las unidades de medida tienen que ser lo suficientemente sensibles como para detectar los cambios en las conductas.
- **Validez interna:** podemos atribuir confiadamente los cambios de la VD a la influencia de la VI.
- **Validez externa o ecológica:** los resultados obtenidos en el laboratorio son generalizables a las condiciones naturales (condiciones reales). Pueden afectar a la validez externa:

- o El modo de operativización de las variables
- o La selección de los valores de la VI.
- o La actitud de los sujetos.

2. Métodos de investigación más usados en Psicología Organizacional

A continuación se presentan dos de las técnicas de investigación más utilizadas en la psicología organizacional en la actualidad.

2.1. 2.1. El meta-análisis

La investigación en psicología organizacional, intenta evolucionar, de forma constante, hacia un mayor rigor metodológico. Por ello, es necesario informarse del estado de investigación de un tema, antes de ponerse manos a la obra. Para ello, se utiliza el meta-análisis.

El meta-análisis es una técnica alternativa que integra resultados de investigaciones cuantitativas y cualitativas, con rigor, y ponderando sus aportes de forma objetiva. Es un análisis estadístico de los resultados de un conjunto de estudios, que comparten características, con el objetivo de integrarlos. Esto dota de rigor y transparencia las revisiones que se deben hacer antes de comenzar a investigar sobre un tema determinado.

Las características principales de este tipo de investigación son:

- **La precisión**: que se expresa en relación con la significación del tamaño del efecto, la variabilidad de los resultados, y la posible explicación de dicha variabilidad.
- **La objetividad**: referida a la toma de decisiones que se hacen durante la revisión, que se deben señalar de forma explícita, como por ejemplo, que estudios se incluyen en el meta-análisis, con qué características y pertenecientes a qué años.
- **La replicabilidad**: un meta-análisis se debe poder replicar para poder comprobar en qué medida varían los resultados si variamos las condiciones.

Las fases que se suceden en el desarrollo de un meta-análisis son:

1. Enunciar el problema
2. Establecer las hipótesis
3. Decidir el procedimiento de recogida de información

4. Traducir los resultados a una métrica común
5. Elaborar un cuadro base
6. Analizar los datos
7. Redactar un informe

En el caso de que hubiera otros meta-análisis anteriores sobre el mismo tema, se debe valorar si es conveniente comenzar el nuevo meta-estudio donde los anteriores lo dejaron.

Ventajas	Limitaciones
- Ahorro de tiempo
- Coste reducido
- Nula reactividad
- Supuesta objetividad
- Se obtiene una gran cantidad de información
- Es de fácil acceso	- Muestra limitada a la existencia de estudios
- Difícil comparabilidad
- Nula participación de sujetos
- Dificultad en la elaboración de indicadores para el contraste
- Inflexibilidad en la selección de la información
- Gran distanciamiento entre el objeto y el investigador

2.1. El grupo de estudio

El grupo de estudio, también llamado "grupo focalizado", "discusión de grupo" o "entrevista de grupo", es una forma de recoger información que se sitúa entre la entrevista individual y la observación-participación. Es una técnica de investigación cualitativa, en la que se usa la discusión.

Sus características principales son:

- Se realiza con grupos reducidos de personas (5-10 personas)
- Se planifica y es guiada por un moderador
- Se realiza en un ambiente permisivo y no directivo
- La duración es de 1h-2h30min
- Su objetivo es conseguir una mejor comprensión del tema de estudio

Esta técnica de investigación transcurre en tres fases:

a) **Introducción:** donde se da la bienvenida, se invita a que se presenten los participantes, se explica el tema a discutir, las normas y la condición de confidencialidad.

b) **Desarrollo**: donde se plantean las preguntas, se escucha, y se motiva a los participantes.
c) **Agradecimiento/despedida**: se da las gracias por participar.

Para poder realizar esta técnica necesitamos una serie de personas que cumplan los siguientes roles:

- **Moderador o preceptor**: se encarga de iniciar el tema, motivar y facilitar la participación, evitar el dominio por parte de algún participante, reorientar el tema, etc.
- **Contactadores o captadores**: son los que buscaran a los participantes adecuados para el grupo de discusión.
- **Participantes**: no deben conocerse entre ellos, ni al moderador. Deben cumplir con criterios de equilibrio entre homogeneidad y heterogeneidad.
- **Observadores**: deben tomar nota de los gestos, silencios, frases, incidentes, y del surgimiento de líderes dentro del grupo.
- **Analista**: es quien realiza el análisis de los datos recogidos. Suele ser el moderador porque se acuerda mejor de las ideas, lo que facilita el análisis

Ventajas	Limitaciones
• Ahorro de tiempo • Coste reducido • Flexibilidad en el diseño de grupos • Interacción grupal • Gran cantidad de información • Información cercana a la realidad psicosocial	• Muestra reducida • Artificialidad en la situación • Complejidad en la realización • Influenciado por la subjetividad del investigador • Riesgo de que el líder domine la discusión • Difícil de categorizar

3. Métodos de análisis dentro de las Organizaciones

Una vez conocidos los métodos de investigación dentro de la disciplina, en este apartado se presentan los métodos de análisis y evaluación que se utilizan dentro de las propias organizaciones.

3.1. Análisis de puestos

Dentro del análisis de puestos, existen dos diferentes tipos: los orientados al puesto y los orientados a las personas.

La información necesaria para estos análisis viene dado por cuatro fuentes: analistas de puestos, personas relacionadas con el puesto o expertos en la materia, supervisores y observadores entrenados.

3.1.1. Enfoque orientado al puesto

Este enfoque se orienta hacia las funciones que se realizan en el puesto, creando una jerarquía de las principales funciones de cualquier puesto, en cuatro niveles:

a) **Responsabilidad:** es el componente principal del puesto y se logra al desempeñar una o varias tareas asociadas.
b) **Tarea:** es una pieza completa de trabajo que cumple algún objetivo en particular. Cada tarea comprende varias actividades.
c) **Actividad:** es una de las partes individuales que conforman una tarea.
d) **Elementos o acciones**. Para cumplir con una actividad, hay que realizar un número de acciones o elementos muy específicos.

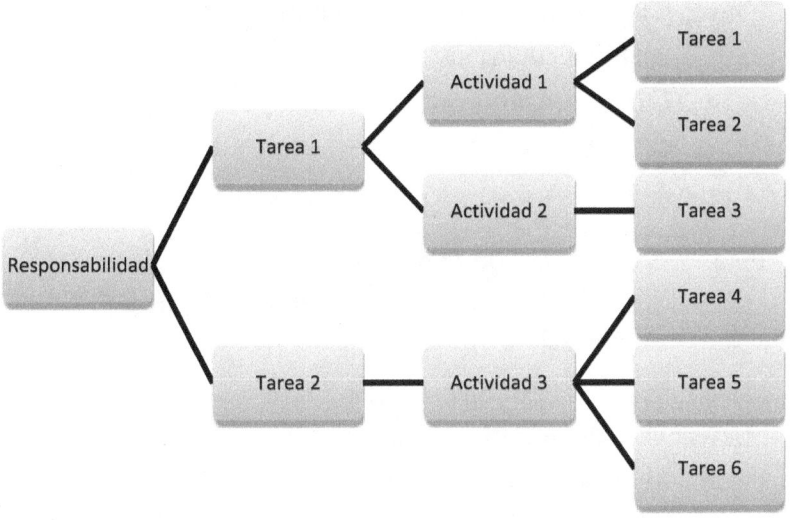

3.1.2. Enfoque orientado a la persona

Este enfoque se encarga de realizar una descripción de los atributos (CHCO) que necesita una persona para poder cumplir exitosamente con un puesto en concreto.

CHCO hace referencia a: Conocimiento, Habilidades, Capacidades y Otras características necesarias para dicha función.

- **Conocimiento:** es lo que una persona necesita saber para realizar una función particular.
- **Habilidades:** se refiere a lo que la persona es capaz de hacer en dicha función.

- **Capacidad**: se trata de la aptitud al realizar las tareas del puesto.
- **Otras características**: incluye cualquier característica que no se incluyan en las anteriores.

Esta información de análisis de puesto tiene aplicaciones reales en el desarrollo de carrera, evaluación del desempeño, reclutamiento, capacitación, establecimiento de salarios, eficiencia, seguridad, clasificación de puestos, diseño de puestos, planeación…

3.1.3. Métodos de análisis de puestos

En este apartado se revisan los métodos de análisis de puestos usados con más frecuencia.

Job Components Inventory

Este método realiza la evaluación de los requisitos del puesto y de las CHCO al mismo tiempo. El grado de correspondencia entre las listas sirve para determinar la adecuación de los candidatos a la función seleccionada.

Functional Job Analysis

Este método proporciona la descripción del puesto y las puntuaciones en varias dimensiones referentes al puesto y a los posibles candidatos.

Position Analysis Questionnaire

Éste es un instrumento que se usa para analizar cualquier puesto o función. Tiene 189 ítems vinculados con los elementos del puesto, a partir de los cuales se crea el CHCO.

Inventarios de tareas

Los inventarios de tareas son cuestionarios con listas de tareas del puesto que se está estudiando y una o más escalas para de calificación.

3.2. Evaluación del desempeño

La evaluación del desempeño es un aspecto clave dentro de las organizaciones, pues el rendimiento del personal influye en la toma de decisiones administrativas, el desarrollo de los participantes, y en la investigación sobre métodos para aumentar la efectividad de las prácticas y procedimientos.

3.2.1. Métodos para evaluar el desempeño

Medidas objetivas

Como medidas objetivas podemos mencionar las ausencias, accidentes, y retrasos, como ejemplos. Se trata de reunir información sobre la productividad del individuo.

Medidas subjetivas

Son las medidas más utilizadas. Suele presentarse como un formulario de calificación, que califica la calidad y cantidad del trabajo. También hay formularios centrados en la conducta, donde se exponen las dimensiones orientadas a los rasgos o aspectos generales del desempeño.

Algunos de los más usados son Behaviorally Anchored Rating Scale (BARS), Mixed Standard Scale (MSS) y Behavior Observation Scale (BOS).

3.2.2. Evaluación 360°

La evaluación de 360 grados, también conocida como evaluación integral o feedback 360°, es una herramienta de evaluación cada día más utilizada por las organizaciones modernas. Además de su uso en la medición del desempeño, tiene otros campos de aplicación en el diseño de programas de desarrollo y en la medición y evaluación de las competencias. Se obtiene la información desde diferentes perspectivas: de los directivos, de posibles subordinados, de compañeros de trabajo próximos y de clientes y/o proveedores. También los empleados mismos evalúan su propio funcionamiento.

3.3. Métodos de evaluación para selección y ubicación

Uno de los primeros problemas de los que se ocupó la psicología organizacional fue de la evaluación de las personas para seleccionarlas y ubicarlas. Es más, en la Primera Guerra Mundial se llevó a cabo la primera evaluación de personal (en este caso, aspirantes a soldados) a gran escala.

3.3.1. Pruebas psicológicas

Las pruebas psicológicas están estandarizadas y evalúan características de cada persona, usándose para medir muchas CHCO, como el conocimiento, habilidad, actitud, aptitud, intereses o personalidad. Son el resultado de investigaciones experimentales y cuasi-experimentales, y baremaciones por tipo de población y cultura.

Pruebas de personalidad

Los rasgos de personalidad son la predisposición o tendencia que tiene una persona para comportarse de cierta manera. El gran problema de estas pruebas utilizadas dentro de un proceso de selección es la posibilidad de que los resultados estén falseados con la intención de dar una buena impresión. Por ello, al seleccionar cualquier prueba de personalidad hay que asegurarse que está diseñada para controlar, o al menos detectar, estas posibles desviaciones.

Pruebas de capacidad

La importancia de las pruebas de capacidad depende de la naturaleza de la tarea de interés, ya que distintas tareas necesitan distintas capacidades.

- Capacidad cognitiva: inteligencia, procesamiento de información, velocidad de aprendizaje...
- Capacidad psicomotora: destreza manual, manipulación de objetos, motricidad fina...

Pruebas de integridad

Las pruebas de integridad evalúan actitudes y comportamientos previos de la personas. Son cuestionarios donde se le pide al participante que indique si está de acuerdo o en desacuerdo con una serie de enunciados que tienen relación con los valores de la persona.

Pruebas de interés vocacional

Estas pruebas relacionan los intereses con la personalidad, formulando preguntas sobre las preferencias del individuo.

3.3.2. La entrevista

Una entrevista es una conversación entre dos personas, en la que una dirige la conversación y la otra persona responde a estas demandas.

Las entrevistas pueden ser:

- **Entrevista no estructurada**: es aquella que el entrevistador no tiene ningún guion.
- **Entrevista estructurada**: la entrevista ha sido planificada de tal forma que el entrevistador tiene una serie de preguntas que formular al entrevistado. Esto proporciona cierta estandarización a la entrevista.
- **Entrevista semiestructurada**: el entrevistador tiene un guion general sobre la entrevista que debe llevar a cabo, pero le deja libertad para profundizar en lo que considere oportuno o añadir preguntas sobre la marcha.

Para que una entrevista sea realmente funcional, las preguntas que se realicen deben ser abiertas, es decir, que estén formuladas de forma que la contestación no pueda ser un simple "sí o no".

Las entrevistas han tenido una evolución específica dentro de las organizaciones, creando variantes como los ejercicios de grupo sin líder, la simulación de solución de problemas, ejercicios de representación de roles o muestras de trabajo.

4. Diagnóstico organizacional

4.1. Aspectos teóricos

El diagnóstico plantea el problema del conocimiento, la posibilidad de realizar afirmaciones acerca del funcionamiento de la organización y eventualmente, recomendaciones para su cambio, utilizando toda la información recopilada a través de la organización y sus participantes, utilizando los métodos explicados en este capítulo. Es el procedimiento en el que se aúna todos los métodos de investigación y análisis de las ciencias sociales, poniendo el foco en la situación actual de la organización.

El diagnostico organizacional debe ser capaz de reflejar y explicar el modo de operar de la organización, y convertirse en un instrumento válido en la comunicación científica.

> El diagnóstico organizacional puede ser definido como el proceso de medición de la efectividad de una organización desde una perspectiva sistémica. La efectividad incluye tanto las capacidades de desempeño de tarea (decir, cuán bien estructurados se encuentran los diversos componentes de la organización y cómo funcionan en su logro de tarea), como el impacto que tiene el sistema organizacional.

Este análisis se hace para evaluar la situación de la empresa, sus problemas potencialidades y vías eventuales de desarrollo.

Para realizar el diagnóstico organizacional se pueden utilizar tres tipos de herramientas: herramientas conceptuales, técnicas y procesos de medición, y tecnologías de cambio.

4.1.1. Perspectivas del diagnóstico organizacional

Dentro del diagnóstico organizacional, existen distintas perspectivas, dependiendo de cuál sea su objeto de estudio y su finalidad. A modo de resumen, podemos diferenciar:

- **Perspectiva social**: esta perspectiva evaluar las funciones y procesos midiendo los efectos provocados en los distintos subsistemas
- **Estudio de los ejecutivos**: mide si los participantes de las organizaciones identifican y resuelven los problemas de forma exitosa, haciendo uso de los recursos disponibles.
- **Subsistemas dentro de la organización**: miden las formas de relacionarse entre los distintos departamentos y divisiones, en

relación con la eficacia global de la organización.

- **Grupos informales**: sirve para medir y conocer sus dinámicas y como facilitan (o no) la eficacia organizacional
- **Individual:** se centra en el grado en que la organización tiene un impacto positivo en el bienestar de las personas

4.2. Modelos de análisis

Existen más datos de los que el investigador o consultor pueda analizar. Ante esta caótica situación, sólo es posible reaccionar en forma selectiva. Esto quiere decir que las elecciones que haga el consultor influirán determinantemente en su diagnóstico. Todo esto se refleja en el modelo que el investigador haya escogido para realizar el diagnóstico organizacional.

Un modelo se encuentra formado por un conjunto de variables y conceptos interrelacionados de tal forma que permiten dar una explicación coherente del funcionamiento organizacional.

A modo de resumen, podemos señalar que los modelos de análisis organizacional:

- Son modelos de funcionamiento organizacional.
- Representan a las organizaciones como sistemas sociales o socio-técnicos.
- Constituyen una abstracción, no encontrándose, por consiguiente, ningún equivalente concreto exacto.
- Son extremadamente selectivos, en el sentido que no son consideradas todas las variables del funcionamiento de una organización, sino sólo las que son estimadas relevantes.
- Sirven como criterio orientador del análisis.
- Permiten llamar la atención sobre algunos procesos de la organización.
- Constituyen parámetros del funcionamiento eficiente de una organización. razón por la cual permiten detectar mal funcionamiento y fallos; así como también potencialidades.
- Ofrecen una explicación, una interpretación del devenir organizacional.
- Hacen explícitos las variables y supuestos considerados por el analista en su diagnóstico.
- Por consiguiente, son prescindibles e intercambiables. Un investigador puede escoger de entre diversos modelos cuál

usar, o decidir comenzar su diagnóstico sin pre-nociones acerca de las formas de organización.
- Debido a lo anterior, los modelos de análisis organizacional permiten hacer explícitas las perspectivas desde las cuales el observador constituye el objeto estudiado

4.2.1. Modelo de contingencias

Este modelo intenta comprender el proceso de diferenciación –y su correlato de integración- en la relación de la organización con su ambiente, determinando las formas organizacionales; la planificación de sus actividades; la división del trabajo; las relaciones entre la empresa y los miembros; las condiciones del entorno: mercado, proveedores, tecnología, competencia, etc., relaciones interpersonales; expectativas laborales de los empleados y exigencias de la empresa a éstos en términos de comportamientos requeridos; definición y claridad de las metas; grado de conformidad y compromiso con las metas; grado de acuerdo entre las metas de la organización y las metas de los subsistemas; sistema de comunicaciones; sistemas de manejo y solución de conflictos; grado y tipo de mecanismos de control; etc.

4.2.2. La"estructura en cinco"

Este modelo divide la organización en cinco partes esenciales: cumbre estratégica, línea media, núcleo operativo, estructura técnica o tecnoestructura, y staff de apoyo.

También pueden distinguirse cinco mecanismos coordinadores básicos: ajuste mutuo, supervisión directa, estandarización de procesos de trabajo, estandarización de productos y estandarización de destrezas y conocimientos de los trabajadores.

A partir de este esquema básico, se proponen cinco configuraciones, es decir, cinco modelos organizacionales que intentan responder a las demandas de armonía interna y de adecuación a las condiciones situacionales o del ambiente.

- **Estructura simple**: basada en la supervisión directa, en que la parte de mayor importancia es la cumbre estratégica.
- **Burocracia mecánica**: cuya base de encuentra en la estandarización de procesos de trabajo. En esta configuración tiene un rol central la tecnoestructura o estructura técnica.
- **Burocracia profesional**; Esta configuración se basa en la estandarización

de destrezas y conocimientos de los trabajadores. La parte de mayor importancia es el núcleo operativo.
- **Forma divisional**: basada en la estandarización de productos. En ella la parte clave es la línea media.
- **Adhocracia**: Su fundamento es el ajuste mutuo. La parte clave es el staff de apoyo, a veces unido al núcleo operativo.

4.2.3. Modelo de Hax y Majluf (Hax, 1984)

Se basa en la idea de que la cultura de una organización condiciona su estrategia y ésta, a su vez, determina los elementos básicos de la estructura. Sus fenómenos centrales son los procesos de diferenciación e integración.

Este modelo indica que el diseño de una organización debe seguir los siguientes pasos:

a) Definir una estructura organizacional básica, que representa la división principal de los negocios en que se encuentra la organización. El orden jerárquico revela las prioridades que asignan los ejecutivos a las actividades centrales de la organización.

b) Definición detallada de la estructura organizacional. Se trata, en este paso, de revestir la estructura organizacional básica con todos los detalles operacionales específicos que hacen la organización.

c) Se completa el diseño organizacional con la especificación de un cierto balance entre la estructura organizacional y los procesos de gestión que la acompañan: planificación, control de gestión, comunicación e información y los sistemas de gestión de recursos humanos y de recompensa

Los roles principales que debe cumplir la estructura organizacional son el apoyo a la implementación de programas estratégicos, y facilitación de la conducta normal de las actividades operacionales de la organización.

Síntomas que revelan una estructura inadecuada:

- Falta de oportunidades para el desarrollo ejecutivo
- Escasez de tiempo para el pensamiento estratégico
- Clima de trabajo demasiado conflictivo
- Falta de definición en la planificación de los negocios
- Falta de coordinación entre las divisiones

- Duplicación excesiva de funciones en distintas unidades de la organización
- Excesiva dispersión de funciones en una unidad de la organización
- Bajo rendimiento de beneficios y bajas expectativas de retorno.

4.2.4. Do ir yourself! ... Modelo para armar

La mejor solución es que el investigador configure su propio modelo, teniendo en cuenta que hay aspectos clave que cualquier modelo debería tener.

- **Organización-ambiente**
    - **Historia de la organización**: su creación, momentos críticos, cambios y transformaciones de importancia
    - **Relaciones entre la organización y la sociedad**: la inserción de la organización en la comunidad, importancia del producto y otros aportes, reputación de la organización en el contexto social, obras sociales
    - **Inserción ecológica de la organización**

- o **Inserción de los miembros de la organización en la sociedad**: contactos de los trabajadores, status de los miembros de la organización en la comunidad
- **Cultura y cultura organizacional**
    - o Mitos: Que es trabajo, definición de un buen y un mal trabajador
    - o Creencias acerca de las relaciones laborales
    - o Creencias acerca de los plazos
    - o Personas que han marcado estilo en la organización
    - o Valores compartidos y sistema normativo
    - o Estilo de vida inducido por la organización
- **Estructura**
    - o Descripción de los miembros de la organización
    - o Descripción de la estructura organizacional formal
    - o Identificación de grupos formales
    - o Descripción de subunidades
- **Comunicaciones**
    - o Comunicaciones descendentes
    - o Comunicaciones ascendentes

- Comunicaciones horizontales
- Sistema de comunicación formal e informal
- **Poder, autoridad y liderazgo**
    - Definición de la línea de mando formal
    - Estilos de mando
    - Aparición del liderazgo
    - Criterios de surgimiento del liderazgo
    - Existencia de liderazgo ejecutivo
    - Prestigio y estatus formal frente al informal
    - Organización informal
- **Conflicto**
    - Sindicato-dirección
    - Línea-staff
    - Profesionales-no profesionales
    - Obreros-empleados
    - Antiguos-nuevos
    - Entre departamentos
    - Desigualdades percibidas
    - Recurrencia de conflictos
    - Conflictos interpersonales
    - Conflictos intrapersonales
- **Descripción, evaluación de cargos y desempeño**

- o Descripción de cargos
- o Sistemas de evaluación del desempeño
- o Relaciones entre cargos y remuneraciones
- o Sistema de recompensa y sanciones
- o Mecanismos de ascenso
- o Definición del trabajo rutinario
- **Motivación**
  - o Política de administración de recursos humanos
  - o Preocupación de la empresa por la motivación
  - o Motivación laboral existente
  - o Condiciones físicas del trabajo
  - o Condiciones económicas del trabajo
  - o Condiciones sociales y psicosociales del trabajo
  - o Grado de interés mostrado por la organización respecto a sus miembros
  - o Motivaciones individualistas
- **Clima laboral**
  - o Ambiente de trabajo
  - o Relaciones informales
  - o Reconocimiento social por el trabajo realizado

- o Nivel de conformismo y aceptación apática
- o Rumores y comentarios negativos de grupos o personas dentro de la organización
- **Sindicatos**
  - o Existencia de sindicatos
  - o Surgimiento de líderes y dirigentes
  - o Posiciones habituales del sindicato
  - o Imagen de los dirigentes
  - o Grado de influencia
- **Toma de decisiones**
  - o Premisas de decisión
  - o Participación en las decisiones, quiénes y cómo
  - o Canales de decisión
  - o Grado de especificidad de las decisiones
  - o Racionalidad del decidir, superposiciones, duplicado de decisiones, órdenes y contraórdenes

4.3. Procesos y técnicas de diagnóstico organizacional

Surge la necesidad del diagnóstico organizacional como un elemento clave en la determinación del estado actual de la organización. La organización diagnosticada no vuelve a ser la misma, ya que a partir del diagnóstico va a saber qué elementos o procesos no son óptimos para conseguir sus objetivos, y en su mano estará modificarlos o no... Un diagnóstico sólo es conveniente si existe en la organización la voluntad de realizar las modificaciones que pudieran desprenderse del diagnóstico.

La necesidad de diagnosticar puede tener varios orígenes:

- El proceso natural de crecimiento de la organización
- El proceso de deterioro de la organización, donde su producto o su personal se encuentra obsoletos
- La empresa ha decidido encarar un problema de productividad y la calidad.
- La organización ha sido sometida a cambios de importancia.
- Un aumento de complejidad del entorno de la organización (político, económico, social) demanda un cambio correspondiente en la complejidad de la propia organización.
- La organización requiere conocer su propia cultura, a objeto de implementar esquemas organizacionales de alta calidad y

productividad, manteniendo su identidad vigente.
- La organización desea mejorar su clima.
- La organización ha sido fundida con otra o comprada por una nueva empresa.

4.3.1. El proyecto

Para poder crear un buen diagnóstico organizacional, antes de comenzar hay que crear el proyecto. El proyecto es un compromiso, que facilita la organización de la investigación.

- **Objetivos**
    - Tienen que estar relacionados con los fines perseguidos por la organización
    - Debe quedar expuesto lo que la organización puede esperar de este trabajo
    - Redefinir el problema presentado por la organización, en términos de un problema abordable y solucionable
- **Metodología**
    - Procedimientos de recolección de información que se utilizarán: número de personas que serán entrevistadas, cuestionarios

aplicados, tamaño y conformación de las muestras.
- o Explicar el análisis que se hará de los datos
- **Cronograma y plazos**
  - o Utilizar medidas en semanas y meses
  - o Señalar las distintas etapas
- **Equipo consultor**
  - o Indicar quienes conformaran el esquipo y sus especialidades

Los resultados de la investigación se redactarán en un informe siguiendo el esquema del modelo que se haya elegido.

Bibliografía

García Jiménez, M. y. (2000). *Métodos de investigación científica en psicología experimental, selectivo, observacional.* Barcelona: EUB.

Hax, A. C. (1984). *Strategic management: an integrative perspective.*

ochran, W. y. (1974). *Diseños Experimentales* . México.

Rodríguez Mansilla, D. (s.f.). *Diagnóstico Organizacional*. Chile: Afaimega.

www.ingramcontent.com/pod-product-compliance
Lightning Source LLC
Chambersburg PA
CBHW030736180526
45157CB00008BA/3199